Si VES algo, di algo

Joe Rhatigan

Asesoras de contenido

Jennifer M. Lopez, M.S.Ed., NBCT
Coordinadora superior, Historia/Estudios sociales
Escuelas Públicas de Norfolk

Tina Ristau, M.A., SLMS
Maestra bibliotecaria
Distrito Escolar de la Comunidad de Waterloo

Asesoras de iCivics

Emma Humphries, Ph.D.
Directora general de educación

Taylor Davis, M.T.
Directora de currículo y contenido

Natacha Scott, MAT
Directora de relaciones con los educadores

Créditos de publicación

Rachelle Cracchiolo, M.S.Ed., *Editora*
Emily R. Smith, M.A.Ed., *Vicepresidenta de desarrollo de contenido*
Véronique Bos, *Directora creativa*
Dona Herweck Rice, *Gerenta general de contenido*
Caroline Gasca, M.S.Ed., *Gerenta general de contenido*
Fabiola Sepulveda, *Diseñadora gráfica de la serie*

Créditos de imágenes: todas las imágenes cortesía de iStock y/o Shutterstock

Library of Congress Cataloging-in-Publication Data

Names: Rhatigan, Joe, author. | iCivics (Organization), issuing body.
Title: Si ves algo, di algo / Joe Rhatigan.
Other titles: See something, say something. Spanish
Description: Huntington Beach, CA : Teacher Created Materials, [2022] |
   "iCivics"--Cover. | Audience: Grades 2-3 | Summary: "Sometimes things
   that look bad but aren't. Other times, it is better to speak up. But how
   do you know when to say something?"-- Provided by publisher.
Identifiers: LCCN 2021039564 (print) | LCCN 2021039565 (ebook) | ISBN
   9781087622729 (paperback) | ISBN 9781087624044 (epub)
Subjects: LCSH: Threat (Psychology)--Juvenile literature. | Danger
   perception--Juvenile literature. | Children and adults--Juvenile
   literature.
Classification: LCC BF575.T45 R5318 2022 (print) | LCC BF575.T45 (ebook)
   | DDC 155.9--dc23
LC record available at https://lccn.loc.gov/2021039564
LC ebook record available at https://lccn.loc.gov/2021039565

Contenido

Tú puedes marcar la diferencia

Pasamos mucho tiempo con otras personas. Jugamos, vamos a la escuela y compartimos tiempo con nuestros familiares y amigos. Eso puede ser divertido. Pero a veces algunas cosas pueden ser **confusas**. A veces vemos cosas que nos hacen sentir **incómodos** o que nos enojan o nos dan miedo. Es importante que sepas que puedes ayudar a marcar la diferencia. Pero primero debes que saber cuándo decir algo.

Salta a la ficción

La decisión de Brian

Brian sale de la escuela. Ve a su amiga Angélica y la saluda. Un desconocido se baja de un carro y se acerca a Angélica. Empieza a hablarle. Ese hombre no es el papá de Angélica. Brian sabe que no es seguro hablar con extraños, pero ¿debería hacer algo?

Brian piensa: "¿Debería acercarme? Quizá debería gritar algo. O… quizá no debería decir nada".

Brian entra corriendo en la escuela. Le cuenta al maestro Arnold lo que vio. El maestro Arnold sale. Brian piensa que tal vez hizo algo malo. El maestro Arnold vuelve. Le dice a Brian que no hay por qué preocuparse.

—Ese es el tío de Angélica —dice.

Brian se siente mal.

—¿Hice algo malo? ¿No debería haberme metido?

El señor Arnold dice:

—¡Hiciste lo correcto! Todo estaba bien. Pero me ayudaste a cuidar a Angélica. Es mejor cuidar que lamentar.

Vuelve al texto de no ficción

Un pequeño gesto

Si ves algo, di algo. Es un dicho conocido. Pero ¿qué significa? Si ves que pasa algo que no está bien, debes avisarle a un adulto. Si piensas que algo está mal, cuéntale a un adulto.

También significa que debes tratar de cuidar a los demás. Quizá veas que un niño está siendo acosado. Tú podrías ser amable con él. Quizá veas que una niña está sentada sola durante el almuerzo. Podrías sentarte con ella. A veces, un pequeño gesto puede marcar una gran diferencia.

Dejar de lado

Algunas personas podrían sentir que las dejan de lado. Muchas veces están solas. Quizá se sienten tristes o incluso enfadadas por eso. Un gesto pequeño, como preguntarles si quieren sentarse contigo en el almuerzo, puede ser muy importante.

Cuando ves algo

No siempre es fácil saber si algo está mal. Aunque no estés seguro, es mejor contarle a un adulto. Tal vez no pasa nada malo. ¡No hay problema! Es mejor cuidar que lamentar. Son los adultos los que deben asegurarse de que todo esté bien. Y tú puedes ayudarlos. Hablar es una de las mejores formas de ayudar.

Hablar con un adulto puede ayudar.

¿Con quién puedes hablar?

¿Con qué adulto puedes hablar? Tiene que ser alguien en quien confíes. Puede ser tu papá o tu mamá. Puede ser un maestro, un oficial de policía o un amigo de la familia.

A veces pasan cosas que nos asustan. Tal vez no estés seguro de lo que pasa. Incluso hay veces en las que no pasa nada malo. Nadie parece estar en **peligro** ni haberse lastimado. Pero, de todos modos, puede parecerte que hay algo extraño o que algo está mal. Quizás un adulto que no conoces ha estado yendo al área de juegos. Tienes una sensación fea. Busca al adulto más cercano en quien confíes y avísale.

Hablar con adultos en quienes confías siempre es buena idea.

¿Qué significa "cuidado con los desconocidos"?

"Cuidado con los desconocidos" significa que no debes acercarte a personas a las que no conoces. La mayoría de los maestros son adultos en los que puedes confiar.

Acoso escolar

Imagina que dos de tus amigos se hacen bromas pesadas. Se dicen cosas feas. ¿Hace falta que digas algo? Si los dos amigos saben que están **bromeando** y nadie se siente lastimado, es probable que no necesites decir nada. Pero si alguien se siente lastimado, eso no está bien. Debes decirle algo al amigo que actuó mal.

Las bromas pesadas pueden herir los sentimientos de las personas.

¿Qué pasa si un amigo le dice cosas feas a otro todos los días? ¿Qué pasa si lo deja de lado a propósito cuando juegan o lo lastima? ¿Debes decir algo? ¡Sí! Eso se llama **acoso**. Y el acoso hace mal.

¿Cuándo es acoso?

Hay distintas formas de acoso. Pueden ser insultos o palabras feas. Pueden ser empujones o golpes. Si ves algo que parece estar mal, di algo.

Los hermanos y las hermanas a veces cuentan lo que hace el otro.

¿Esos son chismes?

¿Alguna vez te han dicho que dejes de **chismorrear**? Tal vez te preguntes si contarle a un adulto que alguien hizo algo malo es andar con chismes. Eso puede ser confuso. ¿Cómo sabes si está bien contar algo?

Pregúntate esto: ¿alguien podría estar en peligro? Quizá tu hermano comió el postre antes de la cena. ¿Alguien está en peligro? No. Entonces, no te corresponde contarlo.

Ahora, imagina que ves a un niño de la escuela escribir una nota en la que dice que lastimará a un compañero. Alguien podría estar en peligro. Ahora sí te corresponde contarlo.

Está bien contarle a tu maestra si alguien está en peligro.

No cuentes lo que hizo alguien para causarle problemas. Solo debes contarle a un adulto si crees que alguien podría estar en peligro. Por ejemplo, una amiga te dice que se escapará de su casa. ¿Está bien contarle a un adulto? ¡Sí! Escaparse es peligroso, sin dudas. Tal vez tu amiga se enoje contigo por contarlo. Pero tú la ayudaste a estar a salvo, y eso es importante.

Piensa y habla

¿Cómo sabes en quién puedes confiar?

Sensaciones feas

A veces puedes sentirte mal por contar algo. Puedes pensar que hiciste algo malo. O tal vez tengas miedo de causarle problemas a alguien. Quizá prefieras no contarle a un adulto. Pero si no dices nada, podría ser peor.

Piensa y habla

¿Por qué crees que el autor decidió incluir esta foto en el libro?

Supongamos que ves que una amiga es mala con otra niña de tu clase. Quieres contarle a tu maestro. Pero te sientes mal porque es tu amiga. No quieres que tu amiga **se fastidie**. Debes hablar con tu maestro. Siempre es mejor hacer lo correcto.

Siempre alerta

Asegurarnos de que los demás estén a salvo es importante. Cuando pienses que algo no está bien, avísale a un adulto. Si un amigo u otra persona podrían lastimarse, cuéntale a un adulto en quien confíes. Recuerda que es mejor cuidar que lamentar.

A veces pasan cosas que nos asustan. Pero hay personas que pueden ayudar. Tú también puedes ayudar. Mantente **alerta**. Y no tengas miedo de hablar. Recuerda: si ves algo, di algo.

Glosario

acoso: lo que sucede cuando alguien que tiene más fuerza o más poder maltrata a otro

alerta: prestando atención

bromeando: haciendo chistes o bromas

chismorrear: contarle a alguien lo que ha hecho otra persona

confusas: difíciles de entender

incómodos: que no están a gusto

peligro: algo que puede lastimar o que puede causar dolor o una pérdida

se fastidie: se sienta molesta por algo

Índice

Civismo en acción

Los líderes son amables. Ayudan en situaciones difíciles. Todos podemos ayudar. Solo debemos encontrar la oportunidad. Una forma de ser líderes es ser buenos amigos. ¡Participa en una patrulla de la amistad!

1. Forma una patrulla de la amistad en tu escuela. Invita a otros niños a participar.

2. Busca a niños que estén tristes o solos, o que estén siendo acosados.

3. Sé amable con ellos. Salúdalos siempre.

4. Si ves a algún niño que parezca ser tímido o sentirse solo, pregúntale si quiere jugar o almorzar contigo.

5. ¡Ayuda a marcar una gran diferencia en la vida de alguien!